Nº 4 -

AF319146

RÉFLEXIONS

IMPARTIALES

SUR

LE GOUVERNEMENT

DE LOUIS XVIII.

517

RÉFLEXIONS

IMPARTIALES

SUR LE GOUVERNEMENT

DE LOUIS XVIII,

ET SUR LES FAUTES QUI EN ONT ENTRAINÉ
LA DÉCADENCE.

PAR M. LENORMAND,

AVOCAT A LA COUR IMPÉRIALE DE PARIS.

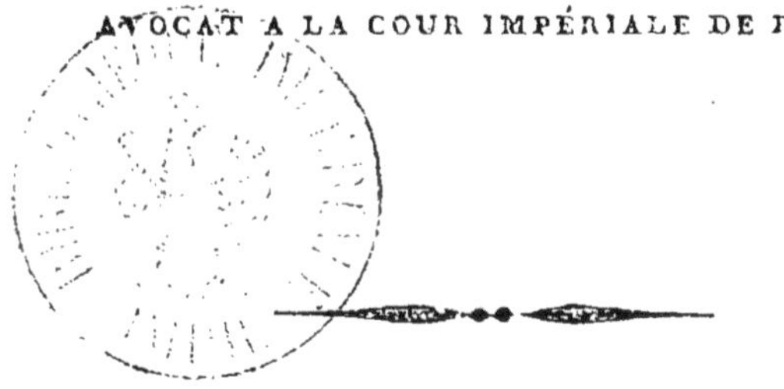

A PARIS,

Chez MARTINET, Libraire, rue du Coq Saint-Honoré,
Et chez les Marchands de Nouveautés.

1815.

RÉFLEXIONS IMPARTIALES

SUR

LE GOUVERNEMENT DE LOUIS XVIII,

ET

SUR LES FAUTES QUI EN ONT ENTRAÎNÉ LA DÉCADENCE.

ÉTRANGER à tous les partis, ami constant de la patrie et de la liberté, de cette liberté qui nous soumet aux lois, et non à des volontés despotiques et arbitraires, je proclame que le meilleur gouvernement est celui qui sait le mieux respecter les biens et les personnes, en accordant à tous l'égalité politique et légale; et quelle que soit la personne qui gouverne, nous devons nous attacher au souverain qui donne cette garantie. J'ai dit mon opinion à ce sujet aussi franchement sous le règne de Louis XVIII que sous celui de Napoléon. Tout en blâmant les abus du gouvernement précédent, je l'ai aimé, parce qu'il était modéré, et qu'il reposait sur une Constitution sage.

Lorsque le trône de Louis fut tout-à-coup ébranlé, si l'on s'arma volontairement pour le défendre, ce fut bien plutôt pour le maintien de cette constitution, que par amour pour les Bourbons, à l'exception de quelques individus qui devaient au retour de cette famille leur existence, leurs places et leur considération.

Le Roi avait tellement senti cette vérité, que c'était particulièrement sous le prétexte de la garantie de ce pacte social, qu'il appela les citoyens à prendre les armes.

En France, et d'après nos mœurs actuelles, un gouvernement qui accorde des titres et des honneurs, par droit d'hérédité, à une classe privilégiée, est nécessairement faible et vicieux; il excite la haîne et la jalousie de tous les partis; il détruit les moyens d'émulation; il marche à sa ruine. Je suis loin cependant de dire que les services des pères doivent être oubliés pour les enfans; mais il faut que le mérite personnel, et non un titre héréditaire, appelle aux places de l'état.

La tolérance religieuse est surtout d'une grande importance en politique; et cette tolérance est aussi bien prescrite par l'Evangile que par les Lois.

Essayons d'appliquer le développement de ces principes à ce règne de dix mois d'un prince malheureux et proscrit.

Le souvenir des infortunes de Louis XVI, l'espérance d'un heureux avenir, et peut-être l'inconstance des Français, firent accueillir le retour des Bourbons. La France, fatiguée des agitations de la guerre, sentait le besoin de se reposer au sein de la paix.

La Charte constitutionnelle, proposée par Louis XVIII à son avènement au trône, et sanctionnée par les deux Chambres, avait mérité l'assentiment des divers partis ; elle sera pour ce prince un titre de gloire : mais bientôt elle fut violée par les suggestions des ministres et des courtisans, par les intrigues de ces vieux chevaliers, qui rapportaient de l'étranger et leur orgueil et leurs antiques pré-jugés, sans considérer la grande différence des Français d'aujourd'hui d'avec les Français d'avant la révolution. Les hommes de cette nation, répandus chez tous les peuples du monde, par suite de nos guerres, et éclairés par les évènemens politiques ; se sont habitués à raisonner ; ils ont pris le goût de l'indépendance ; ils ont secoué le joug des erreurs et des préjugés.

Au retour des Bourbons, Paris fut rempli de nobles, vrais et faux, qui accouraient de tous les départemens, persuadés qu'eux seuls devaient, comme autrefois, occuper les places du gouvernement ; mais le Roi montra à cet égard son caractère de sagesse : très-peu de ces hommes eurent des places dans l'ordre civil.

On ne voyait plus alors que des chevaliers, des vicomtes, des marquis et des titrés de toute espèce. C'était une chose curieuse d'entendre annoncer et de voir arriver fièrement dans les salons beaucoup de ces personnages qui s'attribuaient bien souvent ces qualifications qu'ils n'avaient jamais eues. Il était devenu de rigueur, dans certaines sociétés, que le *de* précédât les noms propres, encore bien que ces noms fussent évidemment roturiers : sans doute il est convenable de distinguer dans la noblesse ces familles qui ont rendu des services à l'état, et qui ont laissé un beau nom à leurs descendans ; mais il est insultant de voir des hommes remplis d'arrogance, qui n'ont qu'un vain titre, sans autre recommandation, et qui prétendent être d'une classe privilégiée.

Un journal avait annoncé plaisamment qu'une commission venait d'être établie par le Roi pour vérifier le droit de prendre des qualifications et des titres de noblesse, mais cela n'avait pas fait peur à ces intrigans, qui voulaient ainsi obtenir de la considération et des places.

Les hommes du tiers-état, et particulièrement nos militaires, ne purent voir sans jalousie que la cour s'environnait de chefs de chouans et d'émigrés, dont un grand nombre était revenu avec beaucoup de morgue, mais sans nobles cicatrices et sans honneur dans les combats; on se plaignait que le Roi n'eût pas appelé dans les gardes-du-corps les officiers en non-activité, et l'on riait en voyant dans ces compagnies cet amalgame bizarre d'enfans de seize ans avec des vieillards (1),

______

(1) On appelait ces derniers, par dérision, les voltigeurs de Louis XIV, ou les chevaliers de l'éteignoir.

et quelques jeunes gens inconnus dans les armées. Des places nombreuses de maréchaux-de-camp étaient accordées à ces émigrés, et même à ces vieillards, qui n'avaient besoin que du repos de la solitude.

On a dit que le Roi agissait ainsi afin de donner quelques moyens d'existence aux hommes qui avaient perdu leur fortune par l'effet de l'émigration ; mais n'aurait-il pas mieux valu accorder des pensions à ces preux vétérans, et employer dans ses gardes des officiers réduits à la demi - solde ? le gouvernement y aurait trouvé des ressources d'économie, et le Roi, en choisissant dans le grand nombre de ces officiers, aurait eu d'excellentes compagnies de gardes-du-corps. Au lieu d'exciter, comme on l'a fait, la jalousie, en leur préférant des émigrés ou des jeunes gens inconnus dans les armées, qu'on décorait de l'épaulette, le Roi aurait pu s'attacher les anciens militaires par cette marque de confiance et de considération, d'autant mieux que la cause de Napoléon, à laquelle ils avaient été dévoués, leur paraissait alors tout-à-fait perdue.

Dans un gouvernement aussi chancelant qu'était celui des Bourbons, il devenait surtout nécessaire de se concilier l'esprit des militaires; mais, au contraire, on accorda les faveurs de la cour à quelques Maréchaux, et on excita le ressentiment du soldat. Le système de la demi-solde, proposé par le ministre Dupont, et la réduction des pensions des membres de la légion d'honneur étaient des idées détestables qui achevèrent de renverser ce trône mal assuré. Il a paru étonnant que le Roi, qui avait des vues sages, ait adopté un système aussi impolitique.

On a dit que les finances de l'état étant épuisées, cette mesure était commandée par la nécessité; mais cette raison devait paraître d'autant plus étrange, que l'on accordait avec prodigalité des pensions dans l'ordre civil. On se demanda d'abord pourquoi ces 36,000 f. de pension aux membres exclus d'un corps qui, en général, avait si peu mérité la reconnaissance nationale : pourquoi destituer inconsidérément pour accorder des pensions à tant d'hommes disgraciés ? Le trésor de l'état se trouvait obéré par toutes ces pensions. Il y avait à cet égard faux çalcul et prodigalité, tandis que, pour les braves couverts de cicatrices, le Roi paraissait ingrat et avare. On a fini par reconnaître cette grande faute, mais il n'était plus temps de vouloir la réparer. Il y avait, surtout dans la réduction de moitié du traitement pour les grades de la légion d'honneur, violation directe de la promesse du Roi, puisque la Charte portait que les officiers et soldats conserveraient leurs grades et leurs pensions.

Le Roi pouvait bien avoir des raisons de destituer dans l'ordre civil quelques hommes qui avaient contribué au malheur de sa famille, et avili leurs divers partis pendant la révolution ; mais beaucoup de ces hommes n'avaient pas assez de considération pour être dangereux ; et lorsque les finances n'offraient que peu de ressources, il y avait inconvenance et pusillanimité à leur accorder des pensions considérables, qui grevaient le trésor de l'Etat : encore bien qu'il y eût des motifs de destitution, que la voix du sang semblait commander au frère de Louis XVI, il fallait être très-reservé à cet égard, et attendre du moins que le gouvernement fût plus affermi ; après avoir traversé les orages d'une grande révolution, l'oubli devient alors une raison politique ; et quel homme public n'avait pas commis des fautes dans ces temps difficiles !

Une autre cause, qui avait excité le mécontentement des militaires et des membres de la légion d'honneur, était de voir avec quelle extrême facilité on obtenait cette décoration instituée par l'Empereur Napoléon. Ces marques d'honneur, qui peuvent produire les meilleurs effets dans un gouvernement monarchique, lorsqu'elles sont accordées au vrai mérite, sont avilies et sans influence, quand elles sont prodiguées, comme elles l'ont été pendant le court règne de Louis XVIII ; il en fut de même des décorations de Saint-Louis, qui ont été souvent données à des émigrés, ou à des chefs de chouans, qui ne s'étaient jamais trouvés à aucune affaire militaire, et qui n'avaient pour seul titre de gloire qu'un brevet *ad honorem* dans leur portefeuille.

Le Roi crut pouvoir regagner l'affection des militaires des armées de Napoléon, en leur distribuant ces croix de Saint-Louis ; mais ils attachaient peu de prix à ces décorations que l'on avait prostituées; et les vainqueurs de Marengo et d'Austerlitz disaient hautement qu'ils étaient humiliés par des émigrés et par des chouans à la solde de l'Angleterre.

Le Roi avait eu l'extrême bonté d'accorder à un grand nombre de ces émigrés la faveur d'avoir leur couvert aux Tuileries : cela était très-impolitique; ce prince n'en avait pas senti les conséquences. Les militaires et le peuple murmuraient de cette faveur exclusive, et il en résultait une prodigalité étonnante pour les dépenses de la maison du Roi.

Quelques voyages du duc de Berri dans les départemens avaient aussi beaucoup contribué à aliéner le cœur du militaire; ce prince avait rapporté de Londres cette rudesse anglaise avec laquelle il parlait souvent aux soldats et à leurs chefs; ceux qui lui adressaient des mémoires ou des demandes revenaient mécontens de son audience, et obtenaient bien rarement une réponse satisfaisante.

On a jugé peut-être sévèrement sa passion pour le vin et les femmes; mais souvent le public regarde comme des crimes chez les princes ce qui ne serait que de légères fautes dans la classe ordinaire.

Parmi les membres de la famille des Bourbons, le comte d'Artois et le duc d'Orléans avaient le don de plaire par leur caractère et par leurs manières chevaleresques ; mais le premier manquait de fermeté dans les circonstances difficiles où la France se trouvait. On lui a reproché d'avoir cédé sans nécessité à l'étranger nos places fortes et le matériel de nos ports; il paraît que le duc d'Orléans, qui avait des vues au trône, s'occupait secrètement de se faire des partisans.

La duchesse d'Angoulême avait partagé la captivité de Louis XVI, de la Reine, et de Madame Elisabeth ; le souvenir des malheurs et de la fin tragique de ses parens, excitaient en faveur de cette princesse l'amour et la vénération ; mais elle avait de la sécheresse dans les manières, et certaine dureté dans l'organe, qui indisposaient tous ceux qui lui demandaient des grâces : chez elle une grande piété, unie à la superstition, faisait qu'elle était toujours entourée d'un nombreux cortège d'ecclésiastiques.

L'institution des deux chambres offrait une sage garantie politique; le droit de pétition qui appartenait à tous les citoyens assurait la liberté individuelle, et chacun pouvait être sans crainte contre les détentions arbitraires. La responsabilité des ministres, prescrite par la Charte constitutionnelle, fermait également la porte à la tyrannie. Tous les citoyens sentaient le prix infini de ces dispositions.

Sous le gouvernement de Louis XVIII, il n'y a point d'exemple de détention arbitraire : la seule affaire du général Excelmans, dont les journaux ont parlé alors, avait pu donner lieu à quelque reproche de vexation et d'arbitraire. Cependant la lettre écrite par ce général au roi de Naples pouvait inquiéter le gouvernement; le ministre de la guerre avait fait preuve de rigueur, mais le Roi n'avait montré que de la justice en ordonnant, sur le rapport fait à la chambre des Pairs, que le général Excelmans serait jugé de suite. Aucune influence n'a agi sur la commission militaire qui a connu de cette affaire, et il a été acquitté à l'unanimité.

La Charte portait : « Les Français ont le

« droit de publier et de faire imprimer leur
« opinion, en se conformant aux lois qui doi-
« vent réprimer les abus de cette liberté. »

Ce principe de la liberté de la presse conve-
nait à tous ceux qui tiennent à des idées libérales ; mais cette liberté fut violée par l'établis-
sement d'une censure ministérielle. On vit alors
quelques écrivains indiscrets et turbulens employer les plus basses adulations envers le gouvernement, publier de honteux pamphlets, et
calomnier des hommes qui, ayant démérité de
ce gouvernement, pouvaient difficilement se
défendre.

Il parut surtout étrange qu'un ouvrage au-
dessus de vingt feuilles d'impression fût dis-
pensé de la censure, lorsque cette faveur était
refusée à ceux dont l'auteur n'avait pas atteint
ce nombre de feuilles.

On ne peut dissimuler que la liberté de la
presse n'offre de grands avantages dans un
bon gouvernement ; tout en proscrivant ces
principes inconsidérés qui vont jusqu'à la li-
cence, il est essentiel, pour l'intérêt des peuples et pour celui des Souverains, que chacun
puisse proposer ses idées politiques ; c'est ainsi

que l'on prépare des améliorations utiles, et que l'on avertit les rois des fautes qui peuvent entraîner la chute de leur trône : trompés par leurs courtisans, ils ne connaissent trop souvent l'opinion publique qu'à travers le voile de l'adulation.

Eh! quel danger pourrait-il y avoir dans la liberté de la presse, en rendant les auteurs et les imprimeurs solidairement responsables de tous écrits injurieux et calomnieux, ou qui porteraient atteinte aux mœurs, au respect dû au prince, à la loi et à la religion? Un gouvernement fort et libéral n'a rien à craindre de la liberté de la presse.

On avait proposé sous le gouvernement de Louis XVIII des changemens utiles dans l'instruction publique, mais les amis des lettres et des sciences gémissaient de la dépendance, ou plutôt de la dissolution dont était menacée la plus belle association, l'Institut de France. Il paraît certain que trente hommes d'un grand mérite dans cette société savante devaient en être écartés par des motifs de réaction.

Suivant le système, qui tendait à rétablir toutes les vieilles institutions, l'Académie d'au-

trefois devait remplacer l'Institut d'aujour-
d'hui.

Si la responsabilité des ministres devait em-
pêcher que nous ne fussions arrêtés illégale-
ment, l'indépendance des tribunaux, proclamée
par la Charte, nous donnait la garantie que
nous ne serions pas condamnés à des peines arbitraires; elle déclarait les juges inamovibles
après l'institution qui en serait faite par le
Roi, tandis que précédemment ils ne rece-
vaient ce caractère d'inamovibilité qu'après
cinq ans d'exercice, ce qui pouvait encore être
retardé d'après la volonté du Grand-juge. De
là il suivait que les tribunaux n'étaient que des
commissions permanentes, absolument sous
la dépendance du gouvernement.

Louis XVIII s'occupait avec sollicitude de
l'ordre judiciaire; il préparait la réorganisa-
tion des cours et des tribunaux, et il avait fait
pressentir des vues sages et des améliorations
dans l'administration de la justice.

Ce serait ici le cas de remarquer qu'il serait
sans doute nécessaire de donner plus de con-
sistance, plus d'éclat et plus de considération à
la magistrature.

Lors de la dernière formation des Cours Impériales, on a fait d'heureuses épurations ; on
a conservé et appelé dans ces cours des hommes
de mérite ; la magistrature a repris de la di-
gnité, mais on ne peut se dissimuler que l'on a
fait encore d'assez mauvais amalgames, particulièrement dans les tribunaux de première
instance ; les changemens ont plutôt porté sur
les chefs que sur les juges ordinaires. On a pensé
faussement qu'un tribunal, qui avait un bon pré-
sident, pouvait bien rendre la justice, sans être
secondé par les lumières des autres juges ; au
moyen d'une telle erreur, et par des considérations individuelles, on n'a point alors détruit
le mal dans sa source, on n'a apporté que des
palliatifs insuffisans. Dans les tribunaux cri-
minels on a vu des hommes qui, insensible-
ment, contractaient l'habitude de condamner à
la peine de mort, et qui étaient fort peu instruits
du droit civil. Beaucoup de ces juges ont été
placés dans les cours impériales : on y a même
fait entrer des juges des tribunaux spéciaux,
accoutumés à juger militairement, mais inca-
pables de décider dans les contestations civiles.

On ne peut méconnaître cependant que ces

cours souveraines renferment un grand nombre de magistrats vertueux et éclairés, et il est très-juste de dire que le bon choix dans l'ordre judiciaire est surtout remarquable à Paris, où le gouvernement était à portée d'apprécier les juges qu'il avait sous sa main, plutôt que dans les provinces, d'où les distances, les intrigues, les considérations personnelles empêchent d'avoir d'exacts renseignemens sur le mérite individuel.

Un des moyens les plus propres à donner de l'éclat au barreau et à la magistrature, serait d'encourager les fils de familles riches à exercer la profession d'avocat, et de prendre dans cet ordre, parmi les plus probes et les plus éclairés, des hommes, non-seulement pour rendre la justice, mais pour occuper les places les plus éminentes du gouvernement. A Rome et à Athènes les fils de famille les plus distingués s'honoraient de la profession du barreau, et ils parvenaient aux premières places de l'état.

Ces distinctions, accordées par le souverain aux avocats qui ont droit à la considération publique, auraient le double avantage d'exciter une noble émulation au barreau, et de faire refleurir les plus beaux temps de la magistrature. Il importe beaucoup, sous les rapports de la politique et de la morale publique, que les lumières, l'honneur et la considération personnelle fassent distinguer ceux qui sont appelés aux grandes charges de l'état, et particulièrement à celles de la magistrature.

Quelques écrivains à gage, ou poussés par le délire de l'enthousiasme, avaient publié des brochures qui tendaient à annuller les ventes des domaines nationaux, et à faire remettre ces biens aux anciens propriétaires; d'autres paraissaient annoncer de cruelles vengeances de la part des Princes, en professant cette terrible maxime, *oublier n'est pas pardonner;* ces détestables écrits avaient excité une dangereuse fermentation dans les départemens du Midi et de la Vendée. Ces apôtres, aveuglés du parti royaliste, avaient fait un mal infini au gouvernement des Bourbons; dans les campagnes on proclamait le retour de la dîme et des anciens privilèges; et si Louis XVIII n'eut pas montré de la fermeté, nous aurions vu revenir tout le despotisme du régime féodal.

Quoique les finances de l'état n'eussent permis au Roi qu'une faible augmentation dans le traitement des ecclésiastiques, augmentation qui pouvait être juste à l'égard des curés de la campagne, qui par leur modique traitement, étaient réduits à peine au nécessaire, cependant on voyait chaque jour s'accroître l'influence du clergé ; des prêtres de tout grade environnaient la cour : déjà l'on devait rétablir comme autrefois les évêchés et les archevêchés ; déjà des ecclésiastiques obtenaient des places importantes dans l'ordre civil, et on en voyait même parvenir au ministère du gouvernement ; ils avaient oublié ces sages maximes, noblement exprimées par un de nos plus grands poëtes :

. . . . On ne veut désormais
Dans les prêtres de Dieu que des hommes de paix,
Des ministres chéris, de bonté, de clémence,
Jaloux de leurs devoirs et non de leur puissance ;
Honorés et soumis, par les lois soutenus,
Et par ces mêmes lois sagement contenus.

Tout Paris avait montré son mécontentement lors de cette ordonnance de police qui défendait aux marchands d'ouvrir leurs boutiques les fêtes et dimanches, et aux limonadiers et restaurateurs de donner ces mêmes jours à boire et à manger avant midi. Cette ordonnance, fort déplacée dans une ville telle que Paris, contrariait surtout les étrangers, habitués à vivre chez les restaurateurs. On avait aussi interdit à Paris les bals masqués à la mi-carême. L'administration de l'Opéra avait surtout beaucoup perdu à cette défense : les habitans de la capitale murmuraient d'un empêchement ridicule causé par des idées superstitieuses, et qui les privait d'un genre de plaisir auquel depuis long-temps ils étaient accoutumés. Les trois grands théâtres devaient en outre être fermés pendant la quinzaine d'avant les fêtes de Pâques; mais à raison des circonstances qui ont contribué au retour de l'Empereur, on abandonna l'exécution de cette dernière prohibition : ces choses peuvent être peu importantes dans les provinces, mais à Paris, où le peuple est raisonneur, parce qu'il est plus éclairé, et où les plaisirs publics sont nécessaires par le caractère des habitans, et à cause de l'immense population, de telles prohibitions ont de fâcheuses conséquences. Tous ceux qui ont quelque instruction et quelques idées libérales, quoique sincèrement attachés à la morale et à la religion, redoutaient cette influence du clergé, et l'intolérance ecclésiastique qui devait nécessairement s'ensuivre. Déjà un curé de Paris avait donné le signal de cette intolérance, en refusant dans son église les cérémonies et les prières d'usage à la mort de mademoiselle Raucourt; il ne fallut rien moins que l'insurrection du peuple et un ordre du Roi pour forcer ce pasteur à admettre dans son église la présentation du corps de cette célèbre actrice, de laquelle il avait reçu quelque temps auparavant les aumônes pour les pauvres de sa paroisse, et les rétributions pour le pain bénit. Pourquoi confondre avec les maximes pures de l'évangile ces préjugés et ces vieilles erreurs du fanatisme? Pourquoi refuser à une actrice les mêmes cérémonies funèbres qu'à un autre individu? Est-ce que nous ne sommes pas tous frères en Jésus-Christ? Est-ce qu'une femme, qui honore par ses talens la scène française, ne peut pas être aussi honnête qu'une femme du monde? Et pourquoi damner, de notre autorité privée, celui qui souvent a plus fait que nous pour jouir de la béatitude éternelle? Ces es-

clandres, faites publiquement causent un tort considérable à la religion.

On avait défendu aux journalistes de rendre compte de cet événement; cependant quelques réflexions présentées sur ce sujet avec les armes de la raison et de la philosophie, auraient pu éviter à l'avenir un pareil scandale. Un seul journal, celui des Débats, rédigé sous l'influence ecclésiastique, rompit le silence, mais ce fut pour justifier la conduite de ce curé, par le motif que les acteurs et actrices de tous les théâtres étaient frappés d'excommunication, et devaient être considérés comme des schismatiques ; on aurait déplu à la cour en censurant ouvertement la conduite de ce prêtre imprudent, et sans doute le gouvernement n'aurait pas permis qu'un écrit philosophique sur le ricule de l'excommunication des disciples de Melpomène et de Thalie fût sorti de la presse.

Si nous avions à examiner ici la question de l'excommunication des comédiens, nous ferions voir que dans les beaux temps de la Grèce et de Rome leur art jouissait d'une haute considération; ce ne fut que lorsque

Constantin embrassa la religion chrétienne, que les Saints-Pères écrivirent contre les spectacles. C'est dans les temps d'ignorance, en 314, à la tenue du concile d'Arles, que les foudres de l'Eglise commencèrent à poursuivre les artistes dramatiques; on s'appuyait de cette belle maxime de Saint Léon, que les spectacles ayant été inventés pour corrompre le cœur et perdre les ames, on ne saurait douter que le diable n'assiste en personne à toutes les représentations. Par suite de ce principe, qui a toujours guidé l'Eglise, il était reconnu en droit canonique, que le corps d'un comédien était indigne d'être enterré dans un cimetière; et ce sont ces pitoyables préjugés que l'on voudrait faire revivre aujourd'hui, grace au zèle de M. le curé de Saint.-Roch ! pense-t-il que les pièces de théâtre d'autrefois ressemblent à celles de nos jours ? Y-a-il quelque rapport entre des acteurs barbouillés de lie, jouant les farces triviales, que l'on représentait avant Molière et Corneille, et les chefs-d'œuvre de Racine et de l'auteur du Misanthrope, dignes d'être joués par Talma et Fleury ?

Louis XVIII était tellement attaché aux maximes ultramontaines, qu'il ne croyait pas même avoir le droit de donner des dispenses de mariages, quoique le Code civil, reconnu par lui comme loi du royaume, laissât au gouvernement le pouvoir de les accorder. Quand des demandes à cet égard lui étaient faites, il déclarait qu'il fallait s'adresser au Pape. Et comme les affaires de l'Eglise n'étaient pas encore réglées par Sa Sainteté avec le clergé et le Souverain de France, ces sortes de dispenses ne revenaient point de la cour de Rome. Nous pourrions citer une demoiselle qui veut épouser son oncle, et qui depuis un an s'est adressée au Saint-Père et à toutes les autorités de France sans avoir pu encore obtenir la dispense nécessaire pour son mariage ; il peut résulter les conséquences les plus fâcheuses de cette extrême lenteur à lever ces sortes d'empêchemens. Eh ! quel serait, par exemple, le sort de l'enfant qui naîtrait d'un oncle et de sa nièce avant d'obtenir dispense ? Cet enfant, aux termes des article 163 et 331 du Code Napoléon, ayant le caractère d'enfant incestueux, ne pourrait être légitimé par mariage subséquent; il serait bien à désirer que les lois canoniques fussent en rapport avec nos lois civiles sur ce qui concerne les dispenses et particulièrement le divorce. L'Eglise refuse la bénédiction nuptiale à l'époux divorcé qui veut contracter un nouveau mariage, parce qu'elle ne voit qu'un sacrement, qui rend indissoluble le lien conjugal; cependant dès long-temps les meilleurs jurisconsultes ont considéré le mariage comme un contrat civil, et le divorce comme la dissolution civile de ce contrat. Si la religion intervient à cette union, ce n'est que pour la bénir; alors elle n'est donc qu'accessoire : la nature fait le mariage et la loi civile en règle la forme et les effets; elle lui assure ses plus précieux avantages.

L'article 68 de la Charte constitutionnelle faisait pressentir quelques changemens dans notre législation. On ne peut disconvenir que plusieurs de nos lois civiles et criminelles n'aient besoin de subir des améliorations; notre Code de procédure a surtout été fait avec une trop grande précipitation ; le Code Napoléon, quoique beaucoup plus parfait que les autres

Codes qui ont paru depuis, a aussi besoin de quelques amendemens (1).

Le Roi avait aboli la confiscation; les amis de la justice applaudirent à cette disposition. Ils pensèrent qu'il était cruel que les enfans fussent punis pour les crimes de leurs pères, et qu'il était contraire aux idées de liberté politique et de garantie pour les droits des citoyens, que l'on soit dépouillé de ses biens par l'effet de la confiscation, à raison d'un crime auquel on n'a point participé. La confiscation, dit Montesquieu, ne peut convenir à un gouvernement modéré; elle rend la propriété des biens incertaine; elle détruit une famille, lorsqu'il ne s'agit que de punir un coupable (2).

---

(1) Dans un ouvrage qui paraît en ce moment chez Blaise, libraire, quai des Augustins, et chez les libraires du Palais, nous avons indiqué plusieurs changemens que nous avons cru nécessaires dans notre législation civile et criminelle. Cet ouvrage a pour titre : *Morceaux choisis d'éloquence judiciaire, précédés d'un discours sur la profession d'avocat, avec quelques observations sur la législation et la magistrature actuelle.*

(2) Esprit des Lois, liv. 5, chap. 15.

Nous croyons devoir rapporter aux fautes que nous venons d'indiquer, les véritables causes qui ont entraîné la chute du trône de Louis XVIII.

La chambre des députés avait voulu arrêter plusieurs de ces abus; mais la Chambre des Pairs, composée en majorité d'émigrés et d'anciens nobles trop attachés à leurs préjugés et à leurs intérêts, exerçait une puissance supérieure.

Parmi les ministres, dont le bon choix est si important pour la solidité d'un gouvernement, plusieurs n'avaient ni assez d'activité, ni assez de lumières, et peut-être même pas assez de bonne volonté pour garantir le trône des orages qui le menaçaient.

Trois d'entre eux ont concouru particulièrement à sa ruine. On sait le mécontentement général qu'ont excité les deux premiers ministres de la guerre. Le chancelier Dambray était royaliste zélé, mais trop peu royaliste constitutionnel; on lui a reproché une grande faiblesse pour la classe privilégiée, et de l'apathie dans les affaires de son administration; on est surtout indigné en pensant qu'un ministre tel que Blacas eût la confiance du Roi. Cet homme, détesté de tous les partis, trafiquait des places du gouvernement.

Napoléon, fort bien instruit à l'île d'Elbe de tout ce qui se passait en France, sut profiter habilement de ces fautes; il se sauve de son exil; il débarque avec une poignée de braves; il flatte l'esprit des militaires et du peuple dont les droits sont méconnus; il est accueilli avec enthousiasme. Une seule garnison veut faire résistance, il se présente hardiment avec quelques hommes de sa garde. « Soldats, « leur dit - il en découvrant sa poitrine, « chacun de vous est libre de tuer son Em- « pereur ». On n'entend alors qu'un cri universel, c'est celui de l'admiration et du dévouement, et ces troupes grossissent l'armée de cet homme extraordinaire. En vain des volontaires royaux se lèvent dans tous les départemens; ces troupes d'ailleurs impuissantes sans l'appui des armées, ne sont pas même organisées, que l'Empereur, marchant avec la rapidité de l'éclair, se rend dans la capitale, et une seule goutte de sang n'a pas été répandue pour opérer cette étonnante révolution !

Les hommes, qui jugeront le gouvernement de Louis XVIII sans enthousiasme et sans partialité, reconnaîtront que ce Prince, quoiqu'avec des lumières, n'avait pas assez d'énergie pour tenir les rênes de l'Etat, dans les momens difficiles où il est monté sur le trône. Il avait deux qualités précieuses, la bonté et la bienfaisance; mais ces qualités, qui font chérir les souverains, ne suffisent pas pour gouverner; et après ce monarque on ne voyait pas même, parmi les princes de sa maison, un successeur digne de lui : tout devait nous faire trembler pour l'avenir, si cette famille se fût maintenue sur le trône.

On assure que l'Empereur a dit dernièrement au milieu de généraux et d'officiers qui l'entouraient après une revue : « La trahison « de deux généraux et mes fautes personnelles « ont causé les malheurs de la France et les « miens ». Un tel aveu est admirable dans la bouche d'un souverain, il fait présager du moins un heureux avenir.

Le décret impérial, qui accorde la liberté de la presse, a mérité les applaudissemens de tous ceux qui savent penser et écrire, et il est même des hommes qui, quoiqu'ayant des places dans la direction de la librairie, ont rendu hommage à la sagesse de ce décret, qui garantit des atteintes de l'injustice et de la tyrannie.

Si la presse eût été libre quelques années plutôt, peut-être que les sauvages du Nord n'auraient pas envahi la France. Des écrivains auraient eu le courage de faire connaître à Napoléon tous les dangers d'une ambition démesurée; ils lui auraient répété cette vérité, qu'un empire qui étend trop ses limites est près de sa ruine. Il aurait entendu la voix de l'opinion publique, étouffée par ses courtisans, et ce monarque pouvait être le plus puissant et le plus adoré des souverains de la terre.

On nous fait craindre une coalition. Croirait-on qu'il est des hommes aveuglés qui la désirent? Elle serait pour nous le plus grand des malheurs; elle ramènerait non-seulement tous les fléaux de la guerre extérieure, mais tous les désordres de la guerre civile. Peut-on penser sans frémir que des étrangers viendraient de nouveau nous imposer leur joug,

subdiviser la France et lever des contribu-
tions sur nos patrimoines ? Qu'ils se trompent
ceux qui croient que leur seul but serait de
rétablir un Bourbon sur le trône ?

Napoléon ne perdra pas de vue que la
moindre entreprise ambitieuse peut encore
déterminer contre lui cette coalition, et en ce
point nos intérêts deviennent unis à ceux de
sa couronne. On verrait alors les royalistes
exaltés et les mécontens se ranger du parti de
la coalition. Ne serait-il pas à craindre que
la conquête de la Belgique, toute facile
qu'elle est, et quoique très-avantageuse à la
France, fût pour les étrangers le plus véri-
table motif qui les porterait à cette déclara-
tion de guerre? Attendons des temps plus
tranquilles; occupons-nous en ce moment de
calmer les partis, de rétablir notre artillerie,
de fortifier nos places et de garantir nos fron-
tières : hâtons surtout l'instant où une constitution libérale peut consolider le gouvernement et assurer le bonheur des Français;
qu'elle ait pour base une chambre représen-
tative qui défendra les droits de la nation ;
qu'elle assure l'égalité politique et légale, la

liberté individuelle, le droit de pétition , la responsabilité des ministres, l'indépendance des
tribunaux, et le maintien de la liberté de la
presse, en réprimant toutefois les abus de cette
liberté, qui pourraient troubler les citoyens, ou
livrer les familles à la diffamation.

Mais gardons-nous d'un gouvernement militaire, où les bayonnettes sont la loi suprême,
et où le soldat se croit tout permis : gardons-
nous d'un système de république, qui ne con-
vient pas à la France. En voulant donner
trop de pouvoir au peuple, bientôt il ne garde
plus de mesure ; la révolution nous a trop
fait connaître ce que c'est que *le peuple sou-*
verain.

F I N.

www.ingramcontent.com/pod-product-compliance
Ingram Content Group UK Ltd.
Pitfield, Milton Keynes, MK11 3LW, UK
UKHW021023120726
13693UKWH00005B/2164